Ich widme dieses Buch all meinen Freunden und Freundinnen, die mich auf meinem Weg liebevoll begleitet und mit zahlreichen Körperreisen (Journeys ®) unterstützt haben.

Ebenso all jenen „Bengel-Engeln" und „Bengel-Engelinnen", die sich für meine Entwicklung und Entfaltung zur Verfügung gestellt haben.

Ganz besonders danke ich Ariane Schurmann, die meinen brach liegenden Acker wieder entdeckt hat, sowie Yvonne Hertach, die mich dabei unterstützt hat, die vielen Facetten meines Diamanten frei zu legen und noch mehr zum Strahlen zu bringen.

Und ich widme dieses Buch genau Dir, liebe Leserin, lieber Leser. „Meine Worte sind Deine Worte". Vielleicht spreche ich für Dich, vielleicht sind es diejenigen Worte, die du bisher nicht ausgedrückt hast.

Von Herzen danke ich meinen Eltern,
die viele Nährstoffe in meinen Boden gaben
und meiner Familie, die immer für mich da
war und mir den Raum gab,
in vielen Weiterbildungen und Seminaren
„meinen Acker" zu durchpflügen
und zu bearbeiten.

Schliesslich danke ich allen,
die mich dabei unterstützt haben,
dieses Buch zu veröffentlichen.

Ich freue mich riesig darüber,
mir endlich meinen Kindertraum zu erfüllen
und mein eigenes Buch
in den Händen zu halten
und meine Gedanken und Erfahrungen
mit Euch teilen zu dürfen.

Isabelle Dobmann

Der Diamant
in meiner Hand

Strahlende Gedichte zum Nachfühlen
und Schmunzeln

Ich habe all meine Liebe, mein Licht,
meine Sonne
in dieses Werk gesteckt.

Meine Gedichte sollen wärmen, zum
Schmunzeln bringen, zum Nachdenken und
Nachfühlen anregen. Sie enthalten Sinn und
vielleicht auch Unsinn, sie sin(n)d einfach da.
Sie entsprechen meiner Wahrheit,
die nicht ihrer Wahrheit entsprechen muss.

Gerne nehme ich ihre Fragen und ihr Feed-
back entgegen.
Ich freue mich über jegliche Kommentare per
Email an: isabelle@dobmann.ch

Viel Spass beim Stöbern und Geniessen.

© 2019 Isabelle Dobmann

Illustrationen: © 2019 Doris Lecher,
Libellenstrasse 28, CH-4104 Oberwil BL
Coverhintergrund: © Yvonne Hertach,
www.inspirationalart.ch
Gestaltung Cover: Gion Luca Dobmann

Verlag und Druck: tredition GmbH, Halenreie
40-44, D-22359 Hamburg

ISBN
978-3-7469-9929-6 (Paperback)
978-3-7469-9930-2 (Hardcover)
978-3-7469-9931-9 (e-Book)

Bibliografische Information der Deutschen
Nationalbibliothek: Die Deutsche National-
bibliothek verzeichnet diese Publikation in
der Deutschen Nationalbibliografie;
detaillierte bibliografische Daten sind im
Internet über http://dnb.d-nb.de abrufbar.

Vorwort der Autorin

Fundort: Mein Acker

Ja, ganz lange lag er brach und ungenützt.
Mein Acker, mein Nährboden für meine
Gedichte und Wortstrahlen.
Lange war er nicht bestellt, die Früchte
nicht reif genug.
Lange waren Angst, nicht zu genügen oder
Angst, nicht die richtigen Worte zu finden
Grund, die Früchte nicht zu ernten.

Doch JETZT, genau JETZT fängt er an,
Früchte zu tragen und auch diejenigen, die
schon lange im Keller lagen, in die Welt zu
bringen. Er ist keine Monokultur.

Mein Acker ist bunt, schräg und witzig.
Manchmal auch direkt und provokativ.
An manchen Stellen hat er noch Unkraut,
das bearbeitet werden will.

Er trägt viele verschiedene Früchte,
die sich nicht kategorisieren lassen.
Grosse, kleine, lichtvolle, reife
und vielleicht auch unreife Früchte
gedeihen hier und warten darauf,
vom Leser, von der Leserin
betrachtet, genossen
und hinterfragt zu werden.

Vorwort von Ariane Schurmann

Frisch, erfrischend, zart und kraftvoll – so
erlebe ich meine erste Begegnung mit dem
diamantenen Talent von Isabelle.
Ja, der Diamant liegt ihr in der Tasche!
Damals fühlte er sich vielleicht einfach wie ein
Stein an, etwas Schweres, das beschwert und
nicht besonders wertvoll aussieht.
Zum Glück braucht es nur ein wenig frischen
Wind und er beginnt zu strahlen, so hell zu
leuchten und zu glitzern, dass uns erst seine
kühle Frische verzaubert, um uns dann die
Herzen zu berühren.
Uns stehen die Münder offen vor Bewun-
derung, ein so wertvoller Diamant
ist nun unter uns!
Isabelle ist eine Meisterin des Wortes,
ihr Talent ist die Kraft der Worte und ja,
am Anfang war das Wort und neue, bewusste,
liebevolle und leuchtende Welten entstehen
aus ihrem ersten Gedichtband.
Es ist eine Freude in ihre Welt einzutauchen
und sich davon verzaubern zu lassen.
Danke, Isabelle, dass du uns
dein Strahlen schenkst!

Ariane Schurmann, Autorin & Seminar-
leiterin, weibliche Alchemistin & Gründerin
von Donna Divina International

Leuchten – wie ein Diamant

…wie charmant…
…richtig erkannt…
…ein leuchtender Diamant…
….möchte sein Licht mir dir teilen…
Danke fürs Verweilen.

Kleine Bildungshäppchen

Ich schreibe meine Gedichte für mich,
doch vielleicht erfreuen sie auch dich.

Ich möchte teilen, was mich bewegt,
vielleicht sich dadurch auch bei dir was regt.

Betrachte meine Gedichte als Bildungshäppchen,
vielleicht machst du dabei gar ein Schnäppchen,

denn anstelle tonnenweise Material zu lesen,
lässt vielleicht eine einzige Zeile
dein Herz genesen.

Da sein und lachen

Eine Zeile mit ganz viel Power,
sie macht dich ein wenig schlauer:

Lache und sei.
Es gibt nichts zu wissen.
Alles ist da.
Du musst nichts vermissen.

Der Diamant, den ich auf meinem Acker fand

Du bist ein wunderschöner Diamant
und es liegt in deiner Hand.
Trag dein Strahlen in die Welt,
sodass es die ganze Welt erhellt.

Du bist ein wunderschönes Funkeln,
sodass man wieder sieht im Dunkeln.
Trag deine Freude in die Welt,
sodass es die ganze Welt erhellt.

Du hast ein grosses Herz,
öffne dich und heile Schmerz.
Trag deine Liebe in die Welt,
sodass es die ganze Welt erhellt.

Du bist ein strahlendes Licht,
mach daraus ein schönes Gedicht,
Trag deine Worte in die Welt,
sodass es die ganze Welt erhellt.

Auf was wartest DU genau?

Finde deinen Diamanten...

Ja dieser Diamant ist mir,
doch du findest einen auch in dir.

Mach dich auf, ihn zu entdecken,
er möchte dich schon lange wecken.

Er leuchtet schon, seit Anfang an,
nur manchmal kommst du nicht richtig dran.

Er liegt bereits auf deinem Feld.
Dieser Diamant kostet kein Geld.

Er gehört zu dir, bildet deinen Kern.
Also ich hab meinen so richtig gern.

Er spendet mir Liebe und Licht,
und manchmal entsteht daraus ein Gedicht!

Und du?

Auch du kannst heute
mit deinen Talenten starten,
lass die Welt nicht länger warten!

Lebe deine Talente

Es war einmal ein Apfelbaum,
der hatte einen falschen Traum.
Er wollte einfach nicht begreifen,
dass an ihm keine Birnen reifen.

Er strengte sich so mächtig an,
doch niemals waren Birnen dran.
Eines Tages kam ein grosser Sturm,
Der Baum entdeckte er einen Regenwurm.

„He - du da!" rief er voller Frust:
„Ich streng mich an, hab keine Lust!"
Da krabbelte er den Stamm herauf,
sagt zu dem Baum „He – pass mal auf:"

„Eines ist ganz sicher hier auf Erden,
niemals wirst du ein Birnbaum werden!"
Der Baum erschrak und wurde still.
„Was also tun, wenn ich Birnen will?"

Der Wurm begann, die Stirn zu runzeln
und musste dabei ganz doll schmunzeln:
„Da gibt's 'ne Frucht, die beginnt mit „A"".
Der Baum, der dachte: „Ha, Ha, Ha".

Doch dann begann er, fast zu spinnen,
fing langsam an, sich zu besinnen:
Einst hatte er mal einen Traum:
er sei ein grosser Apfelbaum.

Von da an fing er an zu blühen,
und innerlich dabei fast zu glühen.
Die Ernte wurde grösser von Jahr zu Jahr,
weil er schon immer ein Apfelbaum war.

Das halbe Leben

Das halbe Leben hab ich mit Suchen verbracht,
doch jetzt bin ich aufgewacht.

Was auch immer die Welt bietet da draussen,
es ist und bleibt immer im aussen.

Doch jetzt suche ich in mir drinnen,
das Wichtigste finde ich stets innen!

Bin so dankbar für meine Quelle,
auf dass sie mich noch lang erhelle!

Die göttliche Frau in mir

Mit Angst bin ich heute aufgewacht,
hab dabei an SIE gedacht.

Angst, SIE wieder zu verlieren,
Angst, SIE zu wenig zu integrieren.

Hab mich geöffnet, die Angst überwunden,
hab SIE tief drinnen in mir gefunden.

Vieles ist für mich noch neu,
doch eins fühl ich sicher: SIE bleibt mir treu.

Endlich angekommen...

Ich spüre meinen Puls des Lebens,
die Suche war wohl nicht vergebens,
bin endlich bei mir angekommen,
und fühle mich ganz angenommen.

Ich steh zu mir und steh zu IHR,
nicht Verstand, sondern Herz ist ihr Revier.
Ich lass mich von ihr führen,
sie öffnet mir die Herzenstüren.

Ganz fest verwurzelt,
sind Worte aus mir rausgepurzelt,
sie zaubern ein Lächeln auf mein Gesicht,
sie sind ganz leicht – einfach ein Gedicht.

Bin mir selbst auf die Spur gekommen,
hab mich an der Hand genommen.
In meinem Kern so viel entdeckt,
mich selbst gestreichelt, aufgeweckt.

Darf nun im Leben voll erblühen,
spüre mein Herz so richtig glühen.
Leb mein ganzes Potential,
find das einfach nur genial.

Du hast die Wahl

Liebe heisst Vertrauen.
Angst bedeutet Schranken bauen.
Lieben heisst beschenken,
Angst erzeugt Bedenken.

Liebe bedeutet Fülle,
Angst ist nur die leere Hülle.
Wahre Liebe lässt dich frei,
Angst zweifelt immer wieder neu.

Wahre Liebe ist ohne Erwarten,
die Angst wird dich verraten.
Liebe ist einfach da,
Angst fragt immer, was mal war.

Liebe lädt dich zu leben ein,
Angst bedeutet gefangen sein.
Liebe bedeutet vergeben,
Angst beschwert dein Leben.

Liebe drückt sich aus in Lachen,
Angst zeigt sich in Sorgen machen.
Liebe ist bedingungslos,
Angst fragt nur: „was machst du bloss?!"

Liebe ist – Angst frisst!

Welche Option du hier sollst wählen,
muss ich dir sicher nicht erzählen!

Im Fluss meines Lebens

Ich schwimme im Fluss meines Lebens,
gegen den Strom zu schwimmen ist vergebens.
Was nicht heisst, ich folge der Masse,
sondern dass ich mich
auf meine Intuition verlasse.

So lass ich mich jetzt einfach treiben,
geniesse was da ist, geniesse das Reiben,
geniesse das Langsame und das Schnelle,
geniesse die Stille und auch die Welle.

Geniesse das Schaukeln hoch und runter…
mal bin ich müde, mal bin ich munter,
geniesse das Warme und das Kalte,
geniesse das Neue und das Alte.

Erfrischt kommt mir dann in den Sinn,
dass ich halt ganz einfach „BIN".

Fehler oder Erfahrung?

Trägst du dir deine Fehler nach?
Machst du dich dadurch selbst ganz schwach?

Nimm dich selbst bei der Hand,
nähre dein eigenes Liebesband!

Ein Fehler könnte auch eine Erfahrung sein,
sie lädt dich zur grosszügigen Betrachtung ein.

Lerne jetzt, dir selbst zu vergeben,
Es ist an dir, es ist dein Leben.

Perspektive

Ist dein Glas wirklich halb leer?
Machst du dir nicht dein Leben schwer?
Du könntest es doch auch anders betrachten,
dich auf deine Chancen achten:

Dein Glas ist dann bereits halb voll!
Ach, wie ist die Aussicht toll!
Deine Bewertung bestimmt dein Erleben.
Solltest du dir da mehr Mühe geben?

Der Bengel-Engel

Spieglein, Spieglein gegenüber,
was genau bringst du mir rüber?
Deinem Gegenüber bewusst begegnen,
die Begegnung wirklich segnen:

Worauf will er meine Aufmerksamkeit lenken?
Was genau will er mir schenken?
Will er mich belehren?
Oder mich einfach nur beehren?

Gott sagt: „Ich hab dir immer nur
Engel geschickt",
doch manche verkleiden sich geschickt.
Kann schon sein, dass du ihn manchmal hasst,
aber nur, weil dir die Verpackung
des „Geschenkes" nicht passt.

Pack es aus und schau es an,
finde den besonderen „Reiz" daran.
Eine Chance, dich weiter zu entwickeln,
Eine Chance, falsche Gedanken zu zerstückeln.

Eine Chance, deine Themen
beim Namen zu nennen,
Eine Chance, deine Schwächen zu erkennen,
Eine Chance, deinen Schatten zu integrieren,
anstatt dich darin zu verlieren.

Eine Chance, dich weiter zu entfalten –
ansonsten bleibt alles immer beim Alten.
In Wahrheit hilft er dir,
deinen Rucksack zu leeren,
deshalb solltest du dich nicht dagegen wehren.

Er ist einer deiner wichtigsten Geschöpfe,
drückt lediglich deine Triggerknöpfe,
und gibt dir die Chance, deine Gefühle zu fühlen,
dein Herz zu erwärmen und den Kopf zu kühlen.

P.S. es gibt auch Engel-Bengelinnen ;-))

Schöne Aussichten 1

Was steht denn dort im Himmel geschrieben?
Ich soll mich selbst und andere lieben?

Ja Liebe fängt immer bei dir selber an,
egal ob Frau, egal ob Mann!

Es geht nicht darum, sich zu ergänzen,
so erfährt die Liebe immer Grenzen.

Es geht darum, die Fülle zu teilen,
gemeinsam mit dem andern
in der Fülle zu weilen.

Jetzt und hier, einfach zu SEIN,
dazu lädt mein Gedicht dich ein.

Schöne Aussichten 2

Wie wundervoll ist unser Leben,
wenn wir uns öfters Mühe geben,

die Geschenke des Alltags zu begreifen,
statt in Gedanken wie:
„oh hätt ich doch…"
abzuschweifen.

Durch den Schatten ins Licht

Am Anfang war das Wort,
am Ende war das Licht,
So entstand mein „Wort-Licht-Gedicht":

Ohne Sonne kann kein Schatten entstehen,
und nur im Schatten kannst du die Sonne
nicht sehen.
Durch den Schatten gelangst du ins Licht,
und im Licht erstrahlt dein Gesicht!

Zähl mal Deine Sommersprossen,
über die schon so manche Träne flossen.
Lass sie fliessen, sie dürfen sein,
sie laden dich zum „Heil-Sein" ein.

Was macht dich traurig? Was macht dich froh?
Oder sagst Du: „Das ist halt so?!"

In Deiner Bewertung bist du immer frei,
erfind Deine Situation doch einfach neu!

Keine Schönfärberei

Früher kannte ich nur die hellen Farben.
Ja nichts Dunkles, ja keine Narben.

Hab mir immer alles „schön gefärbt,
hatte sicher ein paar Glaubenssätze geerbt,
wie zum Beispiel:
„Alles kann man halt nicht haben…"
„…also male doch bitte mit hellen Farben".

Mittlerweile habe ich gelernt,
meinen Blick zu schärfen,
mal einen Blick hinter die Kulissen zu werfen,
und finde dort jetzt Allerlei,
bin fertig mit dem schönen, hellen Einheitsbrei.

Bin gewillt ein wenig tiefer zu graben,
so entstehen nun auch dunkle Farben.
Und mit dem Schatten kommt Tiefe ins Bild.
Durch den Schatten zu gehen,
bin ich jetzt gewillt.

Ich male mit der ganzen Farbpalette,
und nicht, wie wenn ich nur „Helle" hätte.
Hab meine Wahrheit mit allen Farben gemalt,
sodass durch das Dunkel, das Licht nun erstrahlt.

Bin ganz erstaunt, dass aus dem Dunkeln,
durch den Schatten meine Strahlen
erst richtig funkeln.

Das Steinmännchen

Es war einmal ein Steinchen,
das hatte ein paar Beinchen.
Es hüpfte hin und hüpfte her,
und dachte, zusammen ja da sind wir mehr.

So verband es sich mit einem andern:
„Lass uns doch zusammen wandern!"
Und sie finden einen schönen Ort,
verbinden sich in einem fort.

Halten zusammen, fast wie geklebt,
finden sich gar wie belebt.
Erfreuen ganz besonders hier
und bilden aus jedem ICH ein WIR.

Steine im Weg?

Geh deinen Weg, Tritt um Tritt.
Geh ihn in deinem Tempo, Schritt um Schritt.
Und sollte dir ein Stein begegnen,
kannst du ihn gerne liebend segnen.

Er hilft dir dabei, dich zu entwickeln!
also **nicht** den Stein,
sondern dich selbst
„verrückeln" ;-))

SEIN – wie ein Stein

Ich wollt ich wär ein Stein,
dann könnt ich einfach sein,
Ich läge da und wäre froh,
bei Tag und Nacht und einfach so,
Ja Stein, das sollt' man sein.

Gestolpert?

Bist Du auch schon mal gestolpert?
Hat es in deinem Leben mal so richtig geholpert?

Dann freu dich, das zeigt, du bist voll im Leben,
da ist nicht immer alles flach und eben.

Steh auf den Stein, lass deine Blicke schweifen,
lerne was draus: das nennt sich „reifen!"

Human "do-ing" oder Human "be-ing"?

Musst du immer etwas tun?
Mühe damit, auch mal aus-zu-ruhn?

Bist du nur beim Leisten wert?
Da ist doch irgendwas verkehrt!

Gönn dir Zeiten der Stille,
leg beiseite deine Brille,

schau einfach in die Zeit hinein,
Du darfst zwischendurch ganz einfach SEIN!

Leben im JETZT

Wie oft hetzen wir durchs Leben?
Haben das Gefühl, noch mehr zu geben!
Wir rennen von Ort zu Ort – wie besessen,
dabei haben wir was ganz Wichtiges vergessen:

Leben findet JETZT statt, in jedem Moment,
und nicht in der Zukunft, selbst wenn man rennt!
Leben ist da, im HIER und im JETZT,
bist also ganz oft – umsonst gehetzt!

Ein Präsent im JETZT

Jetzt ist, wenn du nicht mehr hetzt,
Jetzt ist, wenn du innehältst,
Jetzt ist, wenn du empfängst,
Jetzt ist, wenn du still wirst,
Jetzt ist, wenn du bist.
Jetzt ist, wenn du lauschst,
was die Stille Dir zu sagen hat.

Jetzt ist JETZT.

Jetzt ist immer,
wenn du präsent bist.
Jetzt ist, wenn du ganz hier bist.

Jetzt ist, wenn du offen bist für den Moment,
der dir so viel schenken möchte.
Jetzt ist Alles und Nichts.
Jetzt ist Leere und Fülle.
Jetzt ist zeitlos.
Jetzt ist ewig.

Manchmal ist das, was du suchst schon da.
Ich wünsche dir ein ewig liebevolles Jetzt.
Du bist es wert.

Und was ist JETZT für dich da?

Der kleine Sonnenstrahl

Es war einmal ein Sonnenstrahl,
der stand vor einer grossen Wahl.
„Wohin soll ich denn scheinen?"
Was wohl die andern meinen?

So beschloss er die anderen im Himmel zu fragen,
und war gespannt, was sie wohl sagen.

„Du Wolke, du machst doch Schatten,
Ob die Menschen das wohl lieber hatten?"
„Du kleiner Strahl, was willst denn du?
- Lass mich doch einfach mal in Ruh."

„Wo ich bin, da kannst du nicht sein."
„He Wolke, du bist aber schön gemein!"
„Du kannst mein Licht nicht stoppen,
Von dir lass ich mich nicht mobben!"

Dann fragte er den kühlen Wind,
was seine Ideen zur Sonne sind.
„Ach Sonnenstrahl, dank mir wird's kühl,
Ansonsten ist's doch viel zu schwül."

„Na gut, dann darfst du gerne wehen,
Hauptsache, dass die Menschen
mich noch sehen."
Von dort an war ihm alles klar,
Er fand das Scheinen wunderbar.

Er lernte, wo Licht ist, ist auch Schatten,
und dass manche das wohl lieber hatten.
Fortan tat er, was er am besten konnte,
sich einfach in des Menschen Herz einbrannte.

Er fing an, die Menschen zu erfreuen,
und strahlte jeden Tag von neuem.

Liebe fliesst....

Liebe fliesst zu allen Seiten,
tief hinein in jedes Herz,
seit eh und je, zu allen Zeiten,
löst sie den Kummer und den Schmerz.

Sei achtsam, dann kannst du sie spüren,
nimm auch du sie dankend an,
sie wird dich immer wieder führen,
selbst durch verschlossene Türen,
vertrau ihr deine Seele an.

Nimm sie an, sie gehört zu dir
und macht aus deinem DU ein WIR.

Ohne Worte

Man kann ganz einfach nur mit Schweigen,
dem andern seine Liebe zeigen.

Worte braucht es gar nicht immer!
Für mich ein riesen Hoffnungsschimmer.

Denn manchmal fliesst Liebe ohne Worte,
und landet dann am richtigen Orte:

Nicht aufs Papier,
sondern direkt ins Herz,
das ist ihr Revier.

Ganz einfach Liebe

Ganz achtsam sag ich ja zu mir,
Ganz achtsam sag ich ja zu dir.

Bewusst übers **ICH** zum **DU** zum **WIR**,
testen wir uns vor im Liebesrevier.

Entspannt und gelassen, ergebnisoffen,
gelebte Liebe ohne Bangen und Hoffen.

Sanft und zart, statt schnell und hart.
Geküsst von Lippen so süss wie Honigtropfen,
Spüre ich mein Herze klopfen.

Ein liebender Blick, eine streichelnde Hand,
So entsteht ein ganz neues Liebesband.

Bewusst und achtsam mit allen Sinnen,
kann unsere Beziehung nur gewinnen.

Am Ende nur eines zu sagen bliebe:

Das Rezept nennt sich:
ganz einfach - Liebe.

Selbstliebe

S ich
E infach
L ebendig
B ewusst
S ehen,
T reu
L ieben,
I st
E ine
B ereichende
E rfahrung.

Ich bin wertvoll

Ich bin wertvoll, weil ich bin.
Ich bin auch wertvoll, wenn ich bin.
Ich bin wertvoll, wenn ich mich liebe,
so wie ich bin.

Wo suchst du dich?

Wohin ist dein Fernglas denn gerichtet?
Hast du dich bereits gesichtet?

Da draussen kannst du lange suchen,
kannst weiterhin die Welt verfluchen.

Gerne gebe ich dir einen Rat,
hab einen Tipp für dich parat:

Dreh dein Fernglas ganz nach innen,
tolle Einsichten kannst du da gewinnen.

Such dich in dir,
dort ist dein eigenes Revier:

Bleib dran und suche frischen Mutes,
denn Suchen ist an sich was Gutes:

Denn beim Suchen könnt es geschehen,
dass du dich plötzlich selbst kannst sehen.

Steig dann hinab in deine Quelle,
auf dass sie dich noch lang erhelle.

Du bist, was du suchst!

Das ist wahr - alles klar?

Vielmehr kann ich dazu gar nicht sagen,
hast Du dazu vielleicht noch Fragen?

Du bist gut genug

Du bist nicht nur schön und klug,
vor allem bist du gut genug,
Du bist es wert, geliebt zu werden,
als göttliches Geschöpf auf Erden.

Die fleissige Biene

Bist Du fleissig, wie eine Biene?
Gefangen in Deiner Tagesroutine?

Erlaub Dir zwischendurch mal eine Pause,
fühl dich in deinem eigenen Stock zu Hause!

Sei deine eigene Königin,
find den süssen Honig in Dir drin!

Dein innerer Coach

Dein innerer Coach ist dein Begleiter,
er hilft dir gern in Krisen weiter,

er mahnt dich, wertfrei zu betrachten
und dich besonders gut zu achten,

dass du sicher daran denkst,
und dir selbst ein Lächeln schenkst.

Du bist perfekt

Dich selbst zu lieben, mit allem was da ist,
Dich selbst zu lieben, mit allem, was nah ist.

Dich selbst zu lieben und anzunehmen,
Dich für die eigenen Schwächen
niemals schämen,

einfach DA sein, mit allem was ist,
im Bewusstsein:
Du bist perfekt, grad so wie du bist.

Aufwachen

Da lag sie sanft und schlief ganz tief,
als ob gar keine Stimme rief:
„Wach auf und freu dich deines Lebens,
Nichts auf der Welt hier ist vergebens!"

„Wach auf und werde dir bewusst,
Du wurdest schon lange wach geküsst."
Steh auf, beweg dich, SIE lebt in dir,
erkunde jetzt dein neues Revier!

Du SELBST kannst nur beschliessen,
dein Leben zu geniessen.
Unentschlossenheit braucht Energie,
und ohne Entschlossenheit schaffst du das nie.
Nun bist du für deine Aufgabe bereit,
wurde ja auch höchste Zeit.
Mach dich auf und gehe weiter,
mach dich SELBST froh und heiter.

Trage dann deinen Schatz in die Welt,
sodass er überall die Menschen erhellt.
Schränke dich nicht selber ein,
fange endlich an, du selbst zu sein.

Geniess das Leben, du hast viel zu geben,
Doch vergiss nicht, auch selbst zu empfangen,
das gehört nun mal
zum menschlichen Verlangen.

Innere Fülle

Das Geheimnis, das ich hier enthülle,
ist das Geheimnis der inneren Fülle.

Leben ist keine leere Hülle,
Nein Leben, das bedeutet Fülle.

Selbst das Nichts ist niemals leer,
aus deinem Nichts kommt die Fülle her.

Wenn du sie nicht spürst,
hör auf, an den Mangel zu glauben.

Lass dir vom Mangeldenken
die Freude nicht rauben.

Kehre zurück in den Moment,
Fülle findet nicht, wer in die Zukunft rennt.

Wahre Fülle lässt sich nicht kaufen,
schon gar nicht erleben, wenn wir uns besaufen.

Öffne dich, um dein Glück zu empfangen,
hör auf, aus Mangeldenken darum zu bangen.

Du musst dein Leben nicht neu bauen,
es reicht, dir selber zu vertrauen.

Es reicht, dich wieder zu erinnern,
wer du wirklich bist im Innern.

Du bist frei, neu zu entscheiden,
ob noch länger du willst leiden.

Und wolltest du dich grad beklagen,
dann solltest du dich selber fragen:

„Was ist mein Anteil am Geschehen?"
„Wo will ich Schuld nur beim anderen sehen?"

Es reicht, dir selber zu vergeben,
für all das Leid in deinem Leben.

Es reicht, dein inneres Lied anzustimmen,
dann fängt dein Herz grad an zu singen.

Dann findest auch du deinen Diamant,
er liegt bereits in deiner Hand.

Er fängt dann an, von innen zu funkeln,
und du sitzt nicht mehr länger im Dunkeln.

Dann erstrahlt von innen dein eigenes Licht,
und das ist das Ende vom Funkel-Gedicht.

Ganz bei mir

Tief in mir spür ich Verlangen,
Tief in mir spür ich ein Bangen,

Tief in mir wühlt mich was auf,
Tief in mir, ich nehme es in Kauf.

Ich gebe allem, was da ist, Raum,
wache auf aus meinem tiefen Traum.

Bin präsent und fühl was ist,
setz ein Ende des Verstandes List.

Hör auf mein Herz, die innere Stimme,
daraufhin mich neu besinne,

definiere meine Wahrheit neu.
Ach, wie ich mich freu!

Innere Schönheit

Spieglein - Spieglein an der Wand:
„Wer ist die Schönste im ganzen Land?"
Die, die sich nach innen wendet
und sich nicht am Äusseren blendet.
Denn wahre Schönheit kommt von innen,
daran musst Du Dich entsinnen!

Spieglein - Spieglein an der Wand:
„Wer ist die Reichste im ganzen Land?"
Die, die Flügel braucht zum Fliegen,
um zu sehen, wo Ihre Wurzeln liegen.
Dann kann sie sie wieder spüren
und lässt sich von ihnen führen.

Spieglein - Spieglein an der Wand:
„Wer ist die Glücklichste im ganzen Land?"
Die, die jede Begegnung segnet,
die ihr den Weg durchs Leben ebnet.
Die, die andre kann erhellen,
und sich dann kann dazugesellen.

Spieglein – Spieglein an der Wand:
„Wer ist die Dankbarste im ganzen Land?"
Die, die einfach in den Arm genommen
und ein wenig Trost bekommen.
Die, die Hilfe darf empfangen,
ohne danach zu verlangen.

Unausgesprochene Worte

Vielleicht kennst du das auch?
Unausgesprochenes liegt wie ein Stein,
schwer in deinem Bauch.

Unausgesprochenes, schwer wie Blei,
Könnte ich sprechen, wäre ich frei?

Unausgesprochenes raubt mir alle Kraft
und versauert mir meinen Magensaft.

Will einfach nicht über meine Lippen gehen,
Die richtigen Worte – die Lösung,
ich kann sie nicht sehen.

Angst, den anderen zu verletzen,
zerreisst mich innerlich in Fetzen.

Wut, über mich oder den andern,
lässt mich weiter im Gedanken-Karrusell
wandern.

Das Rad der Zeit kann ich nicht drehen,
was einmal war, bleibt niemals ungeschehen!

Doch was ich kann, dazu braucht es Mut,
ich spreche es aus, dann fühl ich mich gut.

Ich darf mir selbst und dem andern vergeben,
dann bin ich wieder frei fürs Leben.

Eine Lizenz zum Fühlen

Kennst du das: du kannst nicht fühlen?
Irgendwie scheinst du abgeschnitten
von deinen Gefühlen?

Dein Verstand weiss zwar,
da ist irgendwo Trauer,
doch irgendwie scheint da wie eine Mauer?
Du kommst nicht richtig an deine Gefühle ran,
Egal ob Frau, egal ob Mann?

Du hast Angst, deine Gefühle wirklich zu fühlen:
Zu gross scheint der Schmerz
hinter all den Türen?
Du weisst nicht, wie mit all den
Emotionen umzugehen,
und deshalb willst du sie gar nicht sehen?

Ja einfach scheint es, sie weg zu drücken,
doch damit schaffst du grosse Lücken.
Dir fehlt ein Teil, des ganzen Lebens,
manches kommt gar nicht an,
ja scheint vergebens.

Du lenkst dich ab, mit Film und Co,
und denkst immer wieder: „Das ist halt so!"
„Da kann ich eh nichts dagegen machen,
das Leben ist halt einfach nicht zum Lachen?"

Oder spielst vor mit ewigem Lächeln im Gesicht:
„Nein Angst, Wut und Trauer,
das kenn ich nicht!?"
Irgendwo Schmerz: das darf nicht sein!
„Jetzt werfe ich grad ´ne Tablette ein!"

Wie wär's, dir einfach mal vorzustellen,
das was da ist, will dir was erzählen?
Der Schmerz - als Freund - will dich erlösen,
von deinem Leid und allem Bösen?!

Ich lade dich ein, mal hin zu schauen,
statt weitere Mauern aufzubauen.
Ich lad dich ein, in deinen Körper zu reisen,
statt Unmengen von Schokolade zu verspeisen.

Mach dich weit auf, ganz tief in dir drin,
da schlummert bereits dein grosser Gewinn.
Das Annehmen deiner Gefühle macht dich frei,
danach fühlst du dich dann wie neu.

Geh durch die Angst und durch die Wut,
hinterher fühlst du dich gut.
Schicht um Schicht kannst du durchwandern,
von einem Gefühl hindurch zum andern,
bis irgendwann erscheint ein Funkeln,
mittendrin in all dem Dunkeln.

Und du fragst dich dann: „Wo bin ich bloss?"
Und spürst: Liebe ist bedingungslos.

Und du geniesst, was da IST
und erinnerst dich daran: Wer du wirklich bist!

Gefühlssplitter von zart bis bitter

Ich fühle mich grad ganz benommen,
plötzlich ist so viel hochgekommen.

Gefühle, die ich vorher gar nicht erlaubte,
die nicht zu haben, ich einfach glaubte.

Gefühle wie Scham, Angst und Wut,
ignoriert, unterdrückt, einfach tot,

nicht zugelassen, einfach vergessen,
doch jetzt weiss ich, habe sie alle besessen.

Sie dürfen jetzt da sein, sie gehören zu mir.
Sie waren ja schon lange hier.

Hab sie nur nicht sehen wollen,
wollte lieber in Ruhe schmollen.

Hab jetzt die Verantwortung dafür übernommen,
seither sind sie sehr willkommen.

Hab sie durchfühlt und auch durchlebt,
sodass sich jetzt mein Bewusstsein hebt.

Ich höre ihnen zu, leih ihnen mein Ohr,
sie machen mein Leben tiefer, als je zuvor.

Ich nehme sie an, sorg für mein Wohl,
und find das Leben ganz einfach toll!

Sie geben meinem Leben so viel mehr Sinn,
ich weiss jetzt endlich, wer ich bin.

Hab mir selbst für meine Emotionen vergeben,
und kann jetzt in Freiheit leben.

Gefühle brauchen Raum

Ich wühle und wühle,
durch meine Gefühle.

Wo sind sie? Was spür ich?
Was zeigt sich? Was plagt mich?

Manche fühle ich ganz nah,
sie sind einfach sofort da.

Andere sind total versteckt,
die hab ich erst beim Beachten entdeckt.

Die musste ich mir erst erlauben,
weil sie mir die Kontrolle rauben!

Jetzt bin ich bereit, loszulassen,
kann die Vielfalt der Gefühle gar nicht fassen.

Das fühlt sich total lebendig an,
und ich bin glücklich, dass ich das kann.

Ohnmacht

Bist du wirklich ohne Macht?
Oder hat dein süsser Verstand
sich das nur ausgedacht?

Es ist einfach, als Opfer zu jammern,
sich in der Komfortzone festzuklammern.
Doch wenn du bereit bist, etwas zu tun,
kommt ein aktiv gestaltendes „Was nun?"

Sobald du bereit bist, dich als Schöpfer zu sehen,
kannst du die ersten Schritte gehen.
Raus aus der Angst, rein in die Liebe,
sie bringt dich aus der Ohnmacht in Betriebe.

Nimm an, was da ist, mach was draus,
komm aus dem Schneckenhaus heraus.
Damit du kannst deine Träume leben,
musst aus dem Schlaf du dich erheben!

Du kannst jederzeit selber schöpfen,
Deine Erwartungen einfach köpfen,
eine neue Perspektive sehen,
den Blick aufs Thema einfach drehen:

Dann erschaffst du Dir täglich dein Glück,
Schritt um Schritt,
Stück um Stück.

Leg Deine Maske ab

Es gibt Menschen, die tragen,
ohne zu hinterfragen
eine Maske das ganze Jahr,
so als ob das ganze Jahr Fasnacht war.

Eine Maske mit ewigem Lächeln
und freundlichem Blick:
Alles gut, alles im Griff.

Andere wiederum Trauermine,
mit dramatischen Zügen,
Stories im Kopf, oder sind's Lügen?

Andere versteinert, schwer gelitten,
kein Ausdruck, irgendwie abgeschnitten.

Bei andern sind die Gesichtszüge entgleist,
Lächeln verboten, abgereist.....

Ich möchte die Gesichter nicht bewerten,
möchte nicht jäten, in fremden Gärten,
möchte lediglich eine Idee verbreiten,
wie du dir selbst kannst Freude bereiten:

Steh zu dir und deinen Gefühlen,
du musst nicht immer nur funktionieren.

Höchste Zeit sich mal richtig zu pflegen:

Zeit, die Maske abzulegen.

Schau in den Spiegel und frage Dich dann:
"Ob ich mein wahres Gesicht zeigen kann?"

Eines, wo du nichts musst verstecken?
Eines, wo du Fältchen nicht musst verdecken!
Eines, wo du schön bist, weil du zeigst, was ist!
Eines, wo du DU bist, mit allem was ist!
Eines, wo man vielleicht Spuren kann lesen,
denn schliesslich bist du ein menschliches Wesen
und nicht eine Figur aus dem Wachskabinett,
sondern natürlich,
authentisch,
einfach ganz nett.

Wann fängt eigentlich das Leben an?

In der Routine gefangen,
in dir ein unendliches Verlangen?

Tag für Tag in deinem Rad,
der Tag ohne Schwung – einfach fad?

Betäubt, versunken, konsumbesessen,
hast du zu leben ganz vergessen?

Fragst dich, wann fängt eigentlich das Leben an?
Wann endlich bin ich selbst mal dran?

Du kannst das hier und jetzt beschliessen,
ab sofort einfach den Moment zu geniessen…:

…den Sonnenstrahl, der dich an der Nase kitzelt,
…den Reporter, der im Radio witzelt,
…die Fremde, die dir ein Lächeln schenkt,
…den Chauffeur, der im Bus dich
nach Hause lenkt,
…den Vogel, der friedlich seine Runden zieht,
…dein Nachbar, der dich grüsst und sieht….

Fang an, für die kleinen Dinge zu danken,
sie helfen dir, die innere Leere auf zu tanken.

Freu dich an den kleinen Dingen.
Ich wünsche dir ein frohes Gelingen.

Trauer

Ich fühle Trauer.
Der Verlust eines lieben Freundes
erfasst mich mit Schauer.
Ich wollte ihm noch so viel sagen,
wollte ihn noch so viel fragen.

Doch plötzlich ist der Draht gerissen,
fühle mich total beschissen.
Vorbei die Zeit des gemeinsamen Lachens,
vorbei die Zeit des Philosophierens
und des gemeinsamen Machens.
Wie ein Stein fühlt sich mein Herz,
ich fühle nur noch tiefen Schmerz.

Doch dann gebe ich der Trauer Raum
und warte auf ein Zeichen,
dann kann der Schmerz sich wandeln
und kann dem Troste weichen.

Ich spür ganz tief in mir drin,
dass ich mit ihm verbunden bin.
Ich kann immer wieder zu ihm beten,
mit ihm wieder in Verbindung treten.

Das was als Freunde uns verband,
ich in meinem Herze fand.
So kennt diese Freundschaft keine Zeit
und bleibt bestehen in Ewigkeit.

Allein oder Verbunden?

Fühlst du dich manchmal so allein,
und denkst: „Ich armes, armes Schwein?"
„So allein und ganz verlassen,
alle, alle mich nur hassen!?"

Niemand kümmert sich um dich?
„Da gibt's niemanden ausser mich?"
„Irgendwo im Aussen, ich mach jede Wett,
da ist jemand, der macht mich komplett?"

Leider muss ich dich enttäuschen,
versuche, diesen Denkfehler zu verscheuchen:
Solche Ideen zeigen Mangel,
sie spiegeln lediglich deinen Bammel.

Wie wäre es, hier umzudenken,
und deine Gedanken auf die Fülle zu lenken?
Wie wäre es, dich selbst zu lieben,
ich mein das ernst, nicht übertrieben!

Wer will denn mit dir verbunden sein,
solange du denkst: „Ich armes Schwein?"
Versuch, dein eigen' Band zu nähren,
und erstmal nur dich selbst zu ehren!

Bleib offen und bereit,
dann bist du getragen in Freud und Leid.
Dann spürst du dieses „miteinander verbunden",
immer und ewig, nicht nur für Stunden!

Dann nimmt dich jemand an die Hand
und teilt mit dir sein Liebesband.

All-ein?

Das „es"

Es ist schon da,
es ist so nah,
es ist so wunderbar.
Ich sehe es klar,
Ich fühle: es ist wahr:

Du bist nicht all-ein,
und so soll es sein.
Drum schenk ich dir ein „es",
bevor ich es vergess.

Du kannst deine Misere jetzt beenden
und die Buchstaben einzeln verwenden:

Das „e" hängst du ans „all",
das löst den ersten Fall.

Das „s" hängst du ans „ein",
und bist nicht mehr all-ein.

Wir sind
all**e**-ein**s**
und miteinander verbunden.

Mit diesem Gedanken
kommst du besser über die Runden.

Unruhe

Was klopft da an in meiner Mitte?
Ist da irgendwie eine unerhörte Bitte?
Was genau will es mir sagen,
dieses Kribbeln und komische Gefühl im Magen?

Worauf lenkt es meine Aufmerksamkeit?
Zu was genau, bin ich nicht bereit?
Oder sagt es, komme aus dir heraus,
drück endlich deine Sorgen aus!

Oder geht's vielleicht darum, NEIN zu sagen,
für mich einstehen und Grenzen wagen?
Mich selbst zu schützen,
statt zu erwarten, dass die andern mich stützen?

Wichtig ist, mal hinzuschauen,
nicht Mauern dagegen aufzubauen.
Lass sie DA sein, setz dich hinein,
lass die ganze Unruhe in deinen Körper hinein.

Hör ihr zu, gib ihr ´ne Stimme,
dich zu entziehen – das ist das Schlimme.
Hör ihr zu, lass dich drauf ein,
sie lädt dich zu einem Treffen mit dir selber ein.

Rumpelstilz, der Zweifel

Es war einmal ein Rumpelstilz,
der sass in meinem Herz,
und dieser dumme Rumpelstilz,
bereitet mir viel Schmerz.

Wenn immer ich mich wollt entfalten,
hat er mich wieder festgehalten.
Hat mich in Zweifeln eingehüllt,
hat mich mit Fragen durchgewühlt,
damit ich ihm Gesellschaft gebe,
und ja nicht wirklich richtig lebe.

Er stellt sich der Sonne in den Weg,
damit ich nur auf Halbmast leb.
Immer wieder hielt er mich gefangen,
ist Seite an Seite mit der Angst mitgegangen,
damit ich ja am Alten hafte,
raubte er mir alle Kräfte.

Mit diesem dummen Rumpelstilz,
da ging es mir beschissen,
drum hab ich gestern kurzerhand,
ihn einfach rausgeschmissen.

Der Freude steht nun nichts im Weg,
Hurra, Hurra, ja – ich leb.
Liebe und Vertrauen sind jetzt meine Gäste
und feiern mit mir Freudenfeste.

Klimawandel

Klimawandel ist in aller Munde,
drum auch hier, zu dieser Stunde.

Reise nach innen, ganz klimaneutral
und zudem hast du hier die Wahl:

Im Land deiner unbegrenzten Möglichkeiten,
dir dein eigenes Klima zu bereiten.

Erlebst du im Aussen Donnerwetter,
und findest, Sonne – wär doch netter,

dann fang an, dein eigenes Klima zu wandeln,
übernimm Verantwortung für dein Handeln.

Denn das Wetter, das du im Aussen erlebst,
ist ein Spiegel dessen, was sich in dir regt.

Gelingt es dir, dein inneres Gewitter zu pflegen,
wird auch im Aussen der Sturm sich legen.

Und im Herzen dann die Sonne lacht,
weil dein eigener Petrus übers Wetter wacht.

Meine liebe Komfortzone

Lange war es bei dir so schön,
Lange Zeit war es sooooo bequem.

Lange lief alles wie gewohnt,
der Zweifel hat mich vor Neuem verschont.

Der innere Schweinehund lag neben mir,
die Komfortzone ist auch sein Revier.

Wie wäre es wieder mal aufzustehen,
um neue Wege zu begehen?

Naja, was soll ich dazu sagen?
Vielleicht den Sprung ins kalte Wasser wagen?

So hab ich beschlossen, dich zu verlassen,
ich könnte sonst ja was verpassen!

In der Komfortzone

K auere
O hne
M ut,
F rustriert,
O hnmächtig,
R ichtig
T raurig,
Z ickig, als
O pfer
N ichts
E rkennend.

Sag Ja zum Leben

Sag Ja und freu' dich deines Lebens,
was dir geschieht, ist nicht vergebens.

Und sagst du immer wieder NEIN;
lädt dich das Leben wieder ein.

Das Leben wird dir Chancen schenken,
deine Haltung immer wieder neu zu denken.

Bleib dran an deinem Ziel

Sag ja zu dir, sag ja zum Leben,
es wird dir immer wieder Chancen geben.

Nutz die Chancen, bleib dir treu,
erfind dich immer wieder neu.

Manche Erfahrung ist nicht „Scheitern",
sondern sie will dein Gemüt erheitern!

Frage ist immer, was du daraus machst?!,
mit neuer Perspektive dein Herze lacht!

Kein WENN, kein ABER, ein neuer Versuch
und auch den ersten nicht verfluch!

Er gehört zum Weg, zu deinem Entfalten,
sonst bliebe ja immer alles beim Alten.

Lass dich nicht gleich unterkriegen,
mit Ausdauer wirst auch Du am Ende siegen.

Geschrieben über den Wolken!

Über den Wolken, da fühlst du dich frei,
diese Weisheit ist vermutlich nicht neu.

Doch muss man für Freiheit wirklich fliegen?
Oder wie kannst du sonst noch
deine Freiheit kriegen?

Versuch vielleicht, mal loszulassen,
dann kannst du deine Freiheit fassen.

Statt hoch hinaus, eher tief hinein,
dazu lädt dich das Leben ein.

Statt über den Wolken zu schweben,
tauch in sie ein, das nennt sich leben.

Gefühle sind zum Fühlen da,
manchmal schmerzhaft, aber wahr!

Treib sie nicht in die Enge,
sie heissen nicht Gedränge!

Gibt Geld dir einen Wert?

Gibt Geld dir einen Wert?
Oder ist da was verkehrt?

Du kannst zwar Geld auf deinem Konto häufen,
doch scheint mir wichtig, zu begreifen:

Am Ende deines Lebens,
scheint all das Geld vergebens.

Dann gibt's nur eines was dich dann nährt:
Es ist die Liebe, unser grösster Wert.

Entwicklung

Wir treffen uns hier auf der Suche vom Glück,
Ich hoffe, wir finden es alle ein Stück.
Behutsam und sanft werden wir
auf unsere Reise geschickt,
manchmal ein wenig ins Wasser gespickt,
doch das ist ja das, was es braucht
zum Entwickeln,
da muss man die Dinge mal klein zerstückeln,
um dann wieder mit viel Vertrauen,
etwas Neues darauf auf zu bauen.

Danach kommt die Phase des
„Weiter-Vertrauens",
und vielleicht die des „ganz-Verdauens".
Das eine und andere darf sich setzen,
lasst euch dort schon gar nicht hetzen.

Bleibt schön dran an eurem Ziel,
und fragt euch immer: „Ist es das was ich will?"

Ihr kennt jetzt die Regeln
vom Versandhaus des Lebens,
die Regeln des Bestellens, des Denkens
und des Vergebens.

Ihr könnt jederzeit wieder
im Universum bestellen,
damit euer Wunsch kann
euer Herz erhellen.

Jeder ist seines Glückes Schmied!

Ist es Glück, wenn ich im Lotto gewinne?
Oder wenn ich merke, dass ich nicht spinne?
Ist es Glück, wenn ich Freunde habe?
Oder den Sprung ins kalte Wasser wage?

Ist es Glück, wenn ich gesund bin und froh?
Oder ist das sowieso selbstverständlich so?
Ist es Glück, wenn ich ein Kleeblatt finde?
Oder meine Ängste und Sorgen überwinde?

Ist es Glück, wenn mein Liebster
mein Lieblingsessen kocht?
Oder mein Sohn mir meine
Steuererklärung locht?

Ist es Glück, wenn ich meine Freude teile?
Oder einfach mal nur mit mir selbst verweile?
Ist es Glück, wenn ich mein Glück
selber schmiede?
Und einfach, das was da ist – liebe?

Du selbst kannst es JETZT formen,
dafür gibt es keine Normen:
Es ist da und du kannst es ganz gelassen
mit eigenen Händen selbst umfassen.

Gesammeltes Glück
zwischen den Jahren

Zeit zum Innehalten, Zeit zum Sein,
Raunächte laden zum Philosophieren ein.

Zeit zum Träumen, Zeit zum Lachen,
ganz verrückte Dinge machen…

Zeit, sich vielleicht auch ans Herz zu fassen,
um das eine oder andere los-zu-lassen.

Mit Schwung und leicht - darfst du dann starten,
das neue Jahr kann's kaum erwarten.

Schön, wenn man sich freuen kann,
und Glücksbausteine sammeln kann.

Sammelst du dein Glück in einer
"Glücks-Milchkanne?"

Oder gar in einer riesengrossen
"Glücks-Badewanne?"

Wie dem auch sei, mögest du es begreifen,
Glück ist schon da, es muss nicht noch reifen.

Fo-Kuss – oder schon wieder verzettelt?

1000 Ideen tanzen in meiner Fantasie,
sie alle zu verwirklichen, das schaffe ich nie!
Und dann kommt die grosse Qual,
Ich soll treffen eine Wahl:

Soll mich auf eines fokussieren,
die ganze Aufmerksamkeit zusammenschnüren!
Doch wie entscheiden? Wie sortieren?
Wie eine Idee zu Ende führen?

Doch damit ist jetzt endlich Schluss,
ich brauch definitiv einen Fo-Kuss!

Schickst du mir einen?

„NICHTS" als Geschenk

Ein „NICHTS" zu schenken
scheint so schwer,
Die Schachtel, die bleibt einfach leer.

Ein „NICHTS", das kann doch alles sein,
wie bringt man das in ein Geschenk hinein?

Es braucht kein Papier und auch keine Schleife,
vielleicht nur ein wenig Herzensreife,
denn Liebe lässt sich nicht verpacken,
auch nicht irgendwie in eine Tüte sacken,
sondern immer wieder neu entdecken,
und mit reinem Herzen auferwecken.

So also ein „NICHTS" mit grossem Dank,
der Geschenktisch, der bleibt blitzeblank,
und doch bin ich sicher, du wirst reich beschenkt,
weil der eine oder andre ganz fest an dich denkt.

Zuerst war ich etwas aufgewühlt,
doch weiss jetzt, wie sich
ein „NICHTS" anfühlt
und habe gerade eben erfahren,
dass meine Worte nicht „NICHTS"
für dich waren.

Zum Beherzen

Ich bin sicher, du hast erkannt,
es geht ums Herz, nicht um Verstand.

Auch du kannst deinen Diamanten schleifen,
das Ganze nennt sich „Glück begreifen".

Es liegt bereits in deiner Hand.

Ein eigenes Gedicht
zum Verschenken?

Ein leeres Blatt: Ich kann's beschriften
und auf Bestellung für dich was dichten.

Möchten Sie gerne ein persönliches Gedicht
verschenken?

Kontaktieren Sie mich und senden Sie ihre Stich-
worte und Wünsche an isabelle@dobmann.ch.

Gerne können Sie auch meiner Facebook-Gruppe
Sprach-Licht beitreten und dort meine weiteren
Gedichte lesen, oder auch selbst ein Gedicht
mit ihren Freunden teilen.

Über die Autorin

Isabelle Dobmann, geboren 1967 in D-Rheinfelden, lebt heute in Eich in der Schweiz.

Sie ist Ausbilderin, Coach und Journey Practitioner® und begleitet als „Coach, der weckt, was in Dir steckt" Menschen auf ihrem Weg zu Vergebung, Selbstliebe und Lebensfreude.

Sie unterstützt sie dabei, das zu formulieren und auszudrücken, was bisher nicht gesagt werden konnte und im Verborgenen lag.

Mit ihrer humorvollen und direkten Art ermuntert sie ihre Klienten dazu, emotionale oder körperliche Blockaden zu transformieren und schwere Steine ins Rollen zu bringen und dazu notwendige Ressourcen wie Selbstannahme, Selbstvertrauen und Mut zu entdecken.

Hinderliches auf dem Weg zur Entfaltung, wie Muster und Glaubenssätze und alte Konditionierungen können losgelassen werden, sodass der innere Diamant mehr und mehr erstrahlt.

In ihren Workshops und Meditationen lernen Menschen, sich selbst anzunehmen und zu lieben.

Ihr erster Gedichtband lädt dazu ein, den wertvollen Diamanten in sich selbst zu erkennen und zu bearbeiten.

Mehr über die Arbeit mit The Journey® und „Lebensbausteine" auf www.lebensbausteine.ch.

Lebensbausteine®

Der Coach, der weckt, was in Dir steckt.